W0264525

ECIR EDITORIAL

CUADERNO

INVESTIGACIONES Y TÉCNICAS

2º BACHILLERATO

Este cuaderno pertenece a ______________________________

ciencias de la naturaleza

Depósito legal: V-2351-2009
ISBN: 978-84-9826-475-3

diseño ilustraciones — Alfandech
diseño de portada — Valverde-Iborra
edición — Editorial Ecir s.a.
impresión — I.G.E. S.L.

ECIR EDITORIAL

Villa de Madrid, 60
Polígono Industrial Fuente del Jarro
46988 Paterna (Valencia)
Tels.: 96 132 36 25 - 96 132 36 55
Móvil: 677 431 115 - Fax: 96 132 36 05
e-mail: ecir@ecir.com http://www.ecir.com

Técnicas

Investigaciones

Técnicas 1

TURGESCENCIA Y PLASMÓLISIS EN LAS CÉLULAS DE LA EPIDERMIS DE CEBOLLA ROJA

Objetivo

Observación de fenómenos osmóticos utilizando un método indirecto que pone de manifiesto cómo la membrana plasmática se comporta como una membrana semipermeable con respecto al paso del agua.

Material

Microscopio óptico; portaobjetos y cubreobjetos; disoluciones de sacarosa 0.01, 0.05, 0.1, 0.5 y 1 Molar.

Método

Toma un pequeño fragmento de epidermis de cebolla roja y colócalo directamente sobre un portaobjetos. Añade una gota de agua.

Observa la presencia de una gruesa vacuola que contiene en su interior pigmento rojo. Realiza un dibujo.

A continuación, toma cinco fragmentos de epidermis de cebolla roja y coloca cada uno de ellos en los respectivos vidrios de reloj que contienen las disoluciones de sacarosa 0.01, 0.05, 0.1, 0.5 y 1 Molar. Mantenlas sumergidas allí durante diez minutos.

Toma el fragmento de epidermis de cebolla roja que está en la solución más concentrada y obsérvala al microscopio. Realiza un dibujo. Si las vacuolas están claramente separadas de la pared celular, se dice que las células están plasmolizadas.

Ahora coge el fragmento de cebolla roja que está en la solución más diluida y repite la observación. Si las células tienen un aspecto hinchado, se dice que están turgentes.

Prosige la observación con los demás fragmentos de epidermis de cebolla roja y trata de comprobar si a medida que aumenta la concentración de la disolución de sacarosa, hay mayor número de células plasmolizadas.

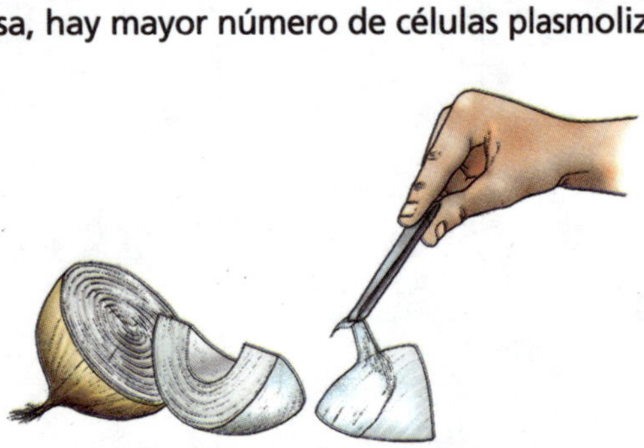

Actividades

a) Dibuja la vacuola.

b) ¿Qué concentración de sacarosa se puede considerar isotónica con respecto al protoplasma celular?

c) ¿Qué posición adopta la vacuola en la turgescencia?

d) ¿Por qué el pigmento rojo en vez de difundirse por todo el citoplasma celular se mantiene en el interior de la vacuola a pesar de que ésta disminuya de volumen?

e) ¿Cuál sería la presión osmótica de una célula de epidermis de cebolla en condiciones normales?

Investigaciones 1

ESTUDIO COMPARATIVO DE LA PERMEABILIDAD DE DIFERENTES MEMBRANAS

En el estudio experimental de la ósmosis se utilizan dispositivos denominados osmómetros, uno de cuyos componentes es una membrana semipermeable (figura 19). En la investigación que proponemos se trata de probar varios tipos de membranas disponibles en el comercio con la finalidad de determinar cuáles cumplen mejor el papel de membrana osmótica.

Sugerencias para la investigación

a) Puedes utilizar algún dispositivo semejante a los de la figura o cualquier otro que diseñes y pueda optimizar los resultados de la investigación.

b) Como medios generadores de presión osmótica, puedes utilizar diferentes sustancias coloreadas (sulfato de cobre, rojo Congo, rojo neutro, etc., en disoluciones concentradas).

c) Como membranas puedes utilizar diferentes tipos de celofán, tripa artificial de embutidos, tripa de cerdo u otras.

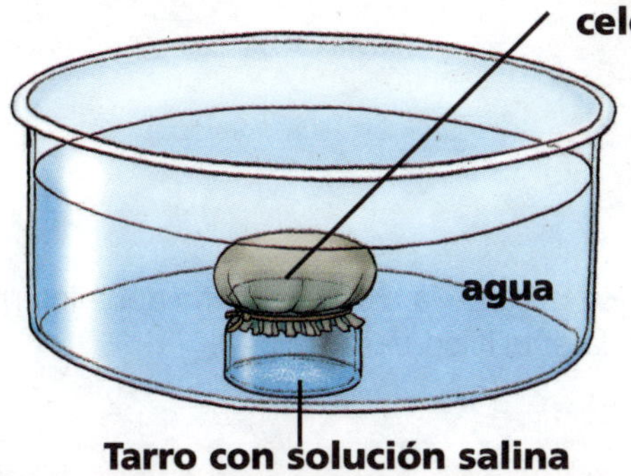

Actividades

a) ¿Qué resultados experimentales indicarán la idoneidad de la membrana osmótica probada?

b) ¿Qué interés tiene utilizar sustancias coloreadas?

c) ¿Tiene alguna ventaja experimental utilizar membranas artificiales, como el celofán?

d) Realiza un informe que considere: problema investigado, hipótesis experimentales, diseño (material y métodos), organización de los resultados obtenidos, discusión y conclusiones.

Técnicas 2

DETERMINACIÓN SEMICUANTITATIVA DE AZÚCARES

Objetivo

Calcular la cantidad de azúcar reductor en una disolución.

Material

Erlenmeyer, bureta, mechero Bunsen, Fehling A y Fehling B, glucosa, agua destilada.

Método

Coloca en un erlenmeyer 5 ml de Fehling A y 5 ml de Fehling B. Dilúyelo con unos 40 ml de agua destilada y calienta a punto de ebullición.

En una bureta introduce una disolución de glucosa al 0,5 %. Abre la bureta y deja caer gota a gota sobre el Fehling hasta que se produzca el viraje del color azul a rojo ladrillo. Anota el volumen (V) gastado. Durante la operación no debe interrumpirse nunca el calentamiento.

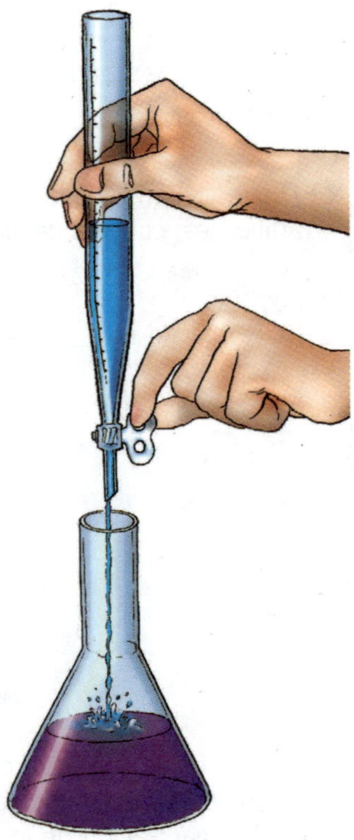

Con este dato se obtiene el denominado Factor (F) de esa solución de Fehling, es decir, la cantidad de glucosa que reduce 10 ml de reactivo de Fehling:

$$F = \frac{0,5 \cdot V}{100}$$

Para llevar a cabo una valoración semicuantitativa de una disolución de glucosa problema, de concentración desconocida, coloca en un erlenmeyer 5 ml de Fehling A y 5 ml de Fehling B. Dilúyelo con unos 40 ml de agua destilada y calienta a ebullición.

Introduce en una bureta la disolución problema y dejala caer gota a gota sobre la solución de Fehling en ebullición. Cuando haya desaparecido el color azul y en su lugar se forme el precipitado rojo ladrillo, cierra la bureta y anota el volumen (V) gastado.

La concentración C, de la disolución problema en glucosa nos viene dada por la relación:

$$C = \frac{\text{Factor de la solución Fehling}}{\text{Volumen (V) de glucosa gastado}}$$

Actividades

a) Explica qué es el Factor de la disolución de Fehling y para qué sirve.

b) ¿Para qué se añade agua destilada al Fehling?

c) ¿Por qué durante la experiencia no debe interrumpirse nunca la ebullición del Fehling?

d) ¿Qué deberíamos hacer si en lugar de glucosa se utilizase, por ejemplo, galactosa o fructosa?

Investigaciones 2

ANÁLISIS SEMICUANTITATIVO DE AZÚCARES EN LA LECHE

Muchos alimentos contienen glúcidos en su composición. Entre estos glúcidos hay azúcares reductores, cuya presencia se puede determinar no sólo cualitativamente sino también de forma semicuantitativa, aplicando el método anterior.

Este es el caso de la leche que contiene lactosa, entre otros componentes.

Sugerencias para la investigación

Determinar el Factor (F) de la solución de Fehling para la lactosa como fase previa para realizar la experiencia.

Líneas de investigación

A. Realiza una valoración semicuantitativa de la lactosa presente en la leche problema.

B. Realiza la misma experiencia utilizando leches de distintas marcas y compara los resultados obtenidos con los valores que aparecen reseñados en los envases lacteos.

Conclusiones

Utilizad el espacio en blanco para escribir las conclusiones.

Actividades

Elabora un informe sobre los resultados de esta investigación. En dicho informe debes plasmar:

a) Problema a investigar.

b) Hipótesis explicativa.

c) Diseño (material y métodos).

d) Resultados obtenidos.

e) Comunicación de los resultados.

Técnicas 3

I. EXTRACCIÓN Y SEPARACIÓN DE ALGUNOS LÍPIDOS

Mediante esta técnica se pueden separar los diferentes componentes lipídicos de materiales procedentes de seres vivos según su solubilidad diferencial en disolventes orgánicos.

Objetivo

Realizar análisis bioquímicos para extraer y separar fosfolípidos: lecitina y cefalina.

Material

Yema de huevo, vaso de precipitado o matraz erlenmeyer de 100 ml, tubo de ensayo, varilla de vidrio, embudo, papel de filtro, mechero Bunsen, acetona, alcohol y éter.

Método

Separa la yema de un huevo e introdúcela en un vaso de precipitados o matraz erlenmeyer de 100 ml.

Agrega éter hasta cubrir totalmente la yema y agita con una varilla para homogeneizarlo.

Añade lentamente, y sin dejar de agitar, un volumen de acetona igual al de éter (observa como la acetona provoca la precipitación de los fosfolípidos —lecitina y cefalina—, en tanto que las grasas y el colesterol permanecen disueltos).

Dejar reposar 5 minutos y después filtrar.

El precipitado que contiene lecitina y cefalina queda retenido en el filtro. A continuación, se lava dicho precipitado con alcohol bien frío recogiendo el filtrado en un tubo de ensayo seco. En el filtro queda la cefalina y en el filtrado la lecitina, que puede obtenerse evaporando el alcohol lentamente al baño maría.

Actividades

a) ¿Por qué se utiliza la acetona para separar los fosfolípidos de los otros lípidos presentes en la yema de huevo?

b) ¿Para qué se lava el precipitado con alcohol bien frío?

c) ¿Qué pasaría si utilizásemos alcohol caliente?

II. ABSORCIÓN DE IODO POR UNA GRASA

El índice de iodo se define como la cantidad de iodo expresada en gramos que absorben 100 g de una grasa. Dicho indice sirve para determinar el grado de insaturación de los ácidos grasos puesto que el iodo es absorbido únicamente en los dobles y triples enlaces.

La técnica que describimos a continuación se aplicará de modo cualitativo, y nos suministrará indicios de si existen dobles o triples enlaces en la grasa investigada.

Objetivo

Determinar de forma cualitativa el grado de insaturación de una grasa.

Material

Aceite de oliva, lugol y disolución de almidón.

Método

Coloca 5 tubos de ensayo con 2 ml de aceite de oliva en cada uno y numéralos del 1 al 5. Añade 2 gotas de lugol al número 1; 4 al segundo; 6 al tercero;

8 al cuarto y 10 al quinto. Agita los tubos y caliéntalos a la llama sin dejar que hiervan. Observa el color y anótalo.

Cuando los tubos estén fríos, añade unas gotas de la disolución de almidón a cada uno. Si hay iodo libre en la mezcla, aparecerá una coloración azulada. Si no lo hay, no aparecerá tal coloración.

Tubos nº	1	2	3	4	5
Aceite de oliva	2 ml	2 ml	2 ml	2 ml	2 ml
Lugol	2 gotas	4 gotas	6 gotas	8 gotas	10 gotas
Almidón	1 ml	1 ml	1 ml	1 ml	1 ml

Actividades

a) Al calentar el aceite con el lugol, en algunos tubos se produce cambio de color. ¿A qué puede deberse?

b) Al añadir almidón (la misma cantidad), en unos tubos aparece color azul y en otros no. ¿Por qué? ¿Qué le ha ocurrido al iodo?

Investigaciones 3

AVERIGUA EL GRADO DE INSATURACIÓN DE GRASAS COMESTIBLES

Aplica la técnica anterior al estudio de grasas comestibles corrientes, tanto de origen animal como vegetal y compara su grado de insaturación.

Sugerencias para la investigación

a) En el caso de grasas animales es posible que tengas que trabajar en caliente.

b) En el caso de que en dos o más muestras el viraje de color se produzca con la misma concentración de lugol, puedes preparar una nueva serie de medidas en torno a esa cantidad, en orden creciente y decreciente, con variaciones menores que las utilizadas en la primera serie.

Conclusiones

Técnicas 4

ANÁLISIS DE AMINOÁCIDOS POR ELECTROFORESIS EN PAPEL

Objetivo

Separar una mezcla de aminoácidos mediante la técnica de electroforesis, que aprovecha la carga eléctrica que presentan a determinado pH para separarlos entre sí mediante un par de electrodos: los aminoácidos positivos se desplazarán hacia el polo negativo, los negativos hacia el polo positivo, y los aminoácidos sin carga no se desplazarán.

Material

Se efectúa el análisis de una mezcla de aminoácidos cuya naturaleza hay que averiguar: mezcla problema.

Otros reactivos: una disolución de los aminoácidos ácido aspartico y arginina, una solución de ninhidrina en etanol al 1% (p/v), una disolución acuosa de NH_4OH 0,5 M, una disolución acuosa de CH_3–COOH 0,5 M, y una solución tampón de fosfato, 1/15 M, a pH=7.

Material fungible: una cuartilla de papel de filtro (mejor si es especial para cromatografía, por tener el gránulo más uniforme), dos placas de Petri, micropipetas (para obtener gotas finísimas) o tubo de vidrio para fabricarlas, tubos de ensayo pequeños y gradilla, tijeras, lápiz y regla, dos electrodos de cobre en forma de L, cables de conexión, cocodrilos, dos placas de vidrio de 60 x 80 x 2 mm, guantes desechables, pulverizador.

Aparatos: fuente de alimentación de corriente continua, un polímetro, una estufa de desecación a 120 °C, una campana de gases.

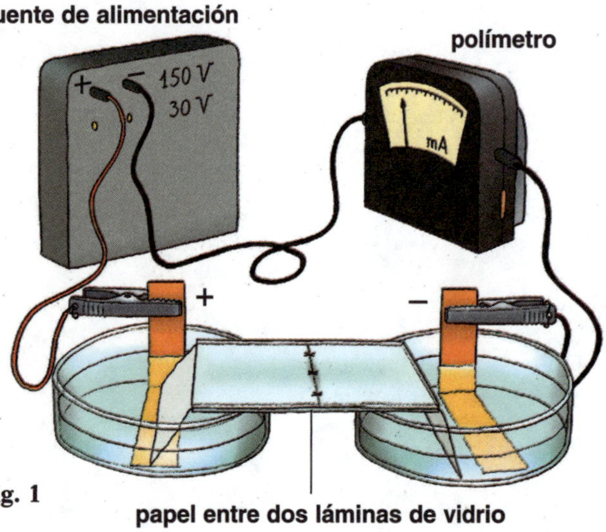

Fig. 1

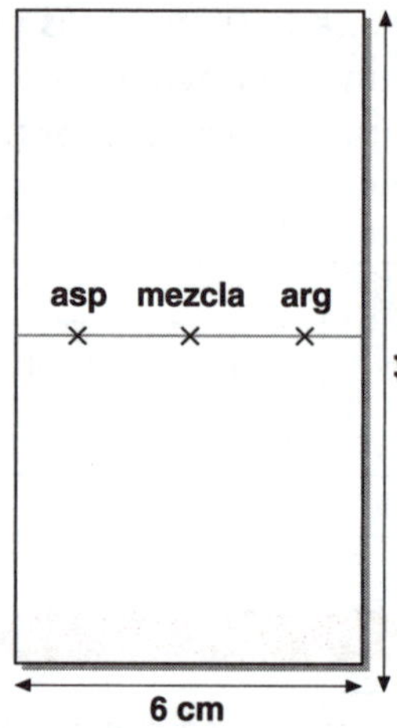

Fig. 2

Método

Se sigue la siguiente secuencia de actos:

1. Se monta un dispositivo como el que indica la figura 1, con una salida de corriente de 150 V, colocando el tampón fosfato en las dos cubetas (placas de Petri) exactamente al mismo nivel, para evitar el efecto sifón, pero no se conectan los electrodos hasta que se concluyan los siguientes pasos.

2. Se corta una tira de papel de filtro de 11 x 6 cm; se debe manipular el papel con guantes, pues las manos pueden dejar en el papel manchas con cantidades de aminoácidos o péptidos que distorsionen los resultados.

3. Trazar con un lápiz una línea transversal en el punto medio, y sobre la misma, tres crucecitas, como se indica en la figura 2.

4. Con ayuda de capilares, depositar en la crucecita central dos gotitas de solución problema de aminoácidos, y en los laterales las soluciones patrón de ácido aspártico y arginina.

5. Cuando se haya evaporado el disolvente de las disoluciones de aminoácidos, colocar el papel entre las dos láminas de vidrio, procurando que los extremos que sobresalgan sean de la misma longitud. Dichos extremos deben doblarse hacia abajo para facilitar el contacto con el tampón. En los extremos del papel deban marcarse los polos eléctricos correspondientes (+ y –) (fig. 1 y 3).

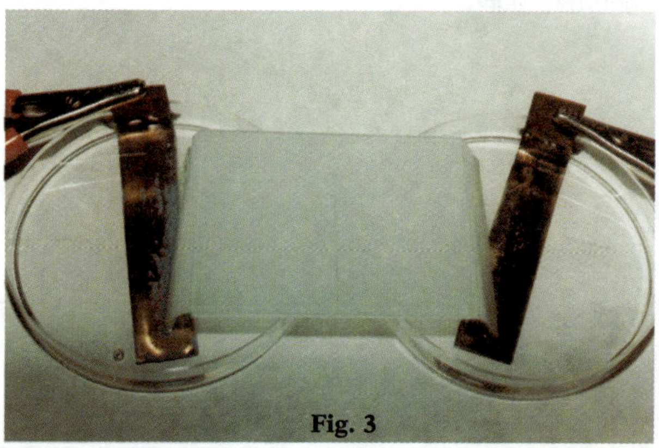

Fig. 3

6. Apoyar el montaje anterior sobre las cubetas de manera que los extremos de papel se sumerjan en la solución tampón (ver fig. 1 y 3). La solución subirá por el papel hasta alcanzar la línea media. En ese momento se conecta la fuente de alimentación eléctrica. Si se diera el caso de que el avance del tampón fuera más rápido por un extremo que por el otro, bastará sacar de la cubeta el extremo correspondiente hasta igualar ambos.

7. Desarrollar la electroforesis durante media hora; al cabo del tiempo se desconecta la fuente de alimentación, se saca el papel del emparedado de láminas de vidrio y con cuidado se lleva a la estufa de desecación.

8. Cuando la tira está seca, se pasa a revelarla. Para ello, usar una campana de gases, pues la solución de ninhidrina es irritante e inflamable. Pulverizar el papel con la solución alcohólica de ninhidrina, procurando que todo el papel quede empapado. Después, secar la tira otra vez en la estufa de desecación durante un minuto, para que se realice el revelado. Pasado el tiempo, se retira el papel para observar, delimitar e identificar las manchas que aparezcan.

9. Se observarán manchas en las filas correspondientes a las gotas de soluciones de aminoácidos, y comparando su posición con las manchas generadas por cada uno de los aminoácidos puros utilizados, se podrá saber la naturaleza de los aminoácidos de la muestra problema (fig. 4).

10. Repetir el experimento, pero sustituyendo la solución tampón a pH=7 por la solución de hidróxido amónico 0,5 M, y después, sustituyendo esta solución por otra de acético 0,5 M.

11. También se puede repetir la experiencia a menor voltaje y mayor tiempo de exposición al campo eléctrico, y comparar los resultados.

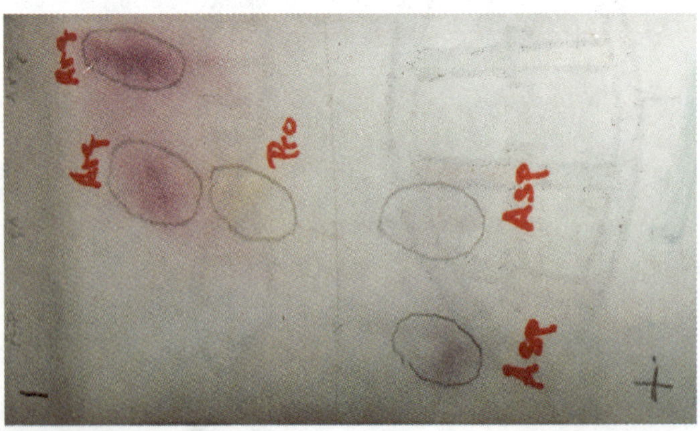

Fig. 4

Actividades

a) A partir de la posición de las manchas de aminoácidos en el papel de electroforesis, ¿se puede conocer la carga neta de cada aminoácido? Explícalo.

b) Con la técnica utilizada podemos identificar dos de los aminoácidos de la muestra problema. ¿Qué modificaciones deberíamos introducir en el experimento para reconocer más aminoácidos diferentes?

c) ¿A qué se deben los diferentes resultados obtenidos en el caso de hacer la electroforesis con tampón a pH=7 y con las soluciones de hidróxido amónico y ácido acético?

d) Existen también técnicas de electroforesis para separar proteínas enteras a partir de mezclas naturales. ¿Por qué las proteínas sin hidrolizar presentan cargas eléctricas?

Técnicas 5

CONSTRUCCIÓN DE MODELOS TRIDIMENSIONALES DE ÁCIDOS NUCLEICOS

Objetivo

Obtener modelos moleculares que den una mejor idea de la disposición espacial de los componentes de los ácidos nucleicos, pues los dibujos planos y fotografías que aparecen habitualmente en los textos suelen ser insuficientes, y las explicaciones habituales, como la "escalera de caracol" del DNA, se ajustan deficientemente a la realidad.

Material

Tela metálica cuadriculada, alicates, pinturas de témpera de cuatro colores, pinceles finos, resina para soldar, soldador de resina, hilo grueso de aluminio para manualidades, plastilina.

Método

Se proponen tres modelos sencillos que servirán para conocer la técnica. Más adelante, al llegar el Tema 15, que explica el funcionamiento de los ácidos nucleicos, se pueden intentar otros modelos que muestren los ácidos nucleicos en acción.

A. La doble hélice del DNA

Con ayuda de los alicates, cortar una tira de tela metálica de dos cuadrados de ancho y 40 de largo.

Eliminar, también con alicates, el hilo central de acero, de manera que obtenemos ahora una sola fila de celdas cuadradas de doble anchura.

Imprimir a la fila una torsión con los alicates de 180° entre el peldaño 1 y el 6, de modo que los dos adopten la misma disposición espacial; cada peldaño habrá girado sobre el anterior 36°; este mismo giro se aplica a todo el resto del modelo.

Las filas laterales representan la sucesión de pentosas y fosfatos, y los peldaños transversales los pares de bases nitrogenadas; se pueden pintar dichos peldaños, la mitad de cada color, adjudicando un color distinto para cada base nitrogenada.

Las medidas del modelo no guardan proporción con la molécula real, pues aunque el paso de rosca sea de 10 pares de bases, la distancia entre peldaños y la anchura entre las filas laterales no es proporcional a las medidas teóricas. Sin embargo, el modelo muestra una buena imagen del aspecto tridimensional de la doble hélice, y permite comprender la variación de aspecto de las distintas conformaciones, pues se pueden hacer otros modelos cambiando el paso de rosca: once pares de bases por paso de rosca (similar a la conformación A) y 12 pares de bases por paso de rosca (similar a la conformación Z).

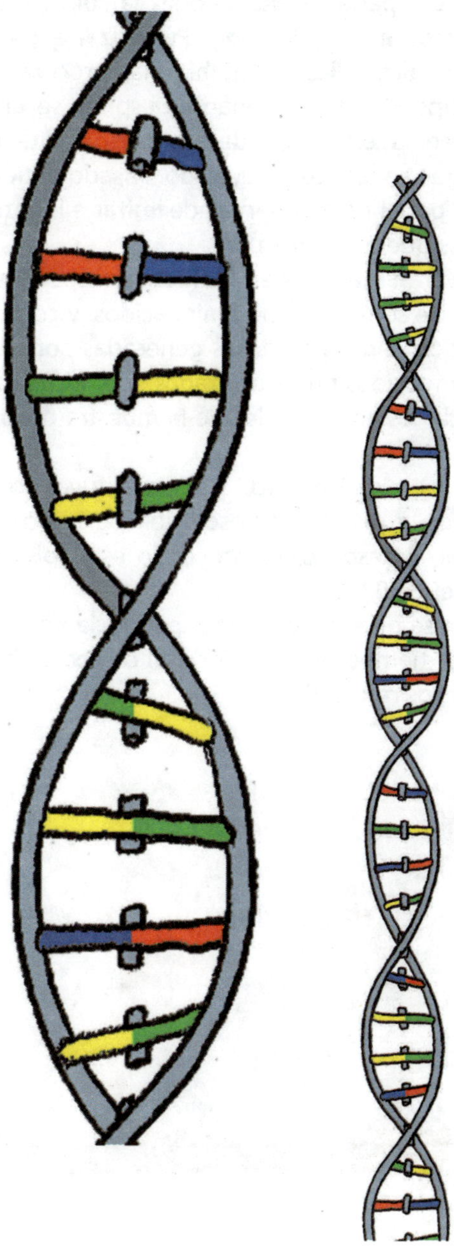

B. La fibra de cromatina

(Se puede hacer un primer modelo de baja resolución con hilo de aluminio y plastilina. El hilo representará la doble hélice de DNA, y la plastilina el octámero de histona).

Se modelan esferas de plastilina y a intervalos constantes se envuelven con arrollamientos de dos espiras apretadas de hilo de aluminio; esto representaría la fibra cromatínica de 11 nm.

Ahora se imprime al conjunto un arrollamiento helicoidal en torno a un eje, representando así la fibra cromatínica de 30 nm.

Para que quede claro que el hilo de alumino representa en realidad la doble hélice de DNA, se puede hacer un modelo de un nucleosoma con la tela metálica en disposición helicoidal que se obtuvo en el primer modelo, tal como se ve en la figura adjunta. Como la tela metálica no se puede doblar muy apretadamente sin doblar o romper los peldaños, se puede utilizar para representar la histona un bola de papel grande, en vez de la plastilina.

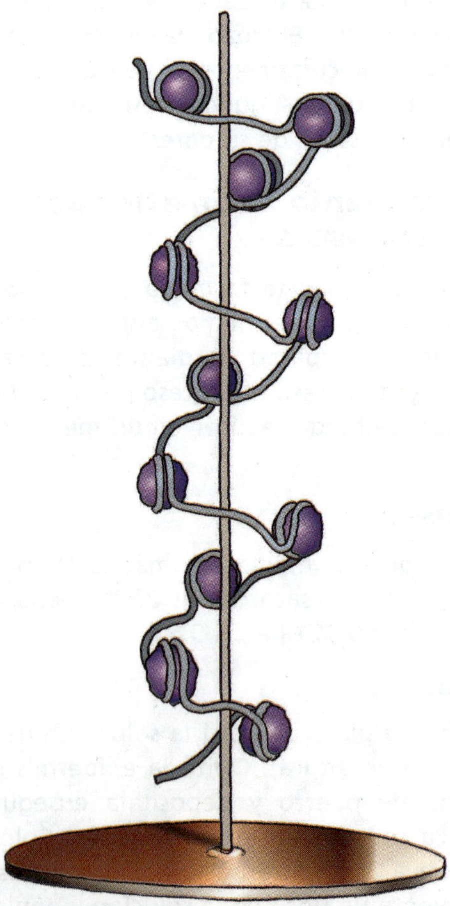

Modelo de baja resolución

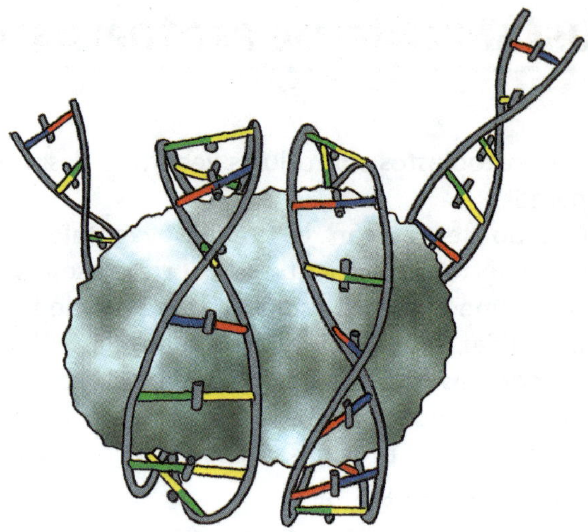

Modelo detallado

C. La molécula de tRNA

Se corta una tira de tela metálica de un cuadrado de anchura y se elimina el hilo de uno de los dos lados; córtense tantos peldaños como nucleótidos aparecen en el modelo de la pág. 83, fig. 4.2 del libro del alumno.

Se reconstruye, doblando adecuadamente la fila de alambre, la figura de la hoja de trébol, y se sueldan los peldaños que quedan enfrentados.

Se imprime ahora una torsión a todos los brazos, y asimismo se dobla el brazo derecho hacia atrás, como se indica en la figura adjunta.

También en este modelo se pueden pintar de colores los peldaños según las bases nitrogenadas que se intenten representar.

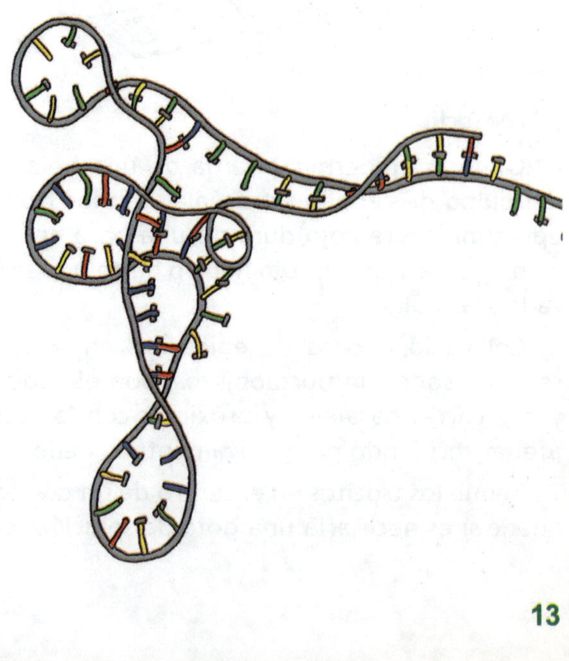

Técnicas 7

AISLAMIENTO DE PROTOPLASTOS

Los protoplastos son células vegetales desprovistas de pared.

Cuando se colocan las células vegetales en un medio hipertónico, la vacuola y el citoplasma se contraen y la membrana plasmática se separa de la rígida pared celular, fenómeno denominado plasmólisis. Por tanto, por plasmólisis es posible separar la célula de su pared. A continuación y mediante una técnica sencilla se puede aislar el protoplasto, es decir, la célula vegetal desprovista de pared.

Objetivo

Aislar protoplastos.

A. Aislamiento mecánico de protoplastos

Material

Una cebolla, solución de sacarosa al 20 %, rojo neutro, cuchillas de afeitar, portaobjetos, cubreobjetos y microscopio.

Fig. 1

Método

Quita la epidermis interna de una hoja mediana del bulbo de cebolla y trocéala. Pon los trozos de la epidermis en remojo durante una hora en una solución de sacarosa con rojo neutro hasta que se produzca la plasmólisis.

Coloca los trozos de epidermis en una gota de solución sobre un portaobjetos, pon el dedo encima y haz cortes paralelos y próximos con la cuchilla de afeitar reculando progresivamente el dedo (fig. 1).

Reúne los trocitos en el centro de un portaobjetos, añade si es necesaria una gota de solución, coloca el cubreobjetos y observa la preparación al microscopio.

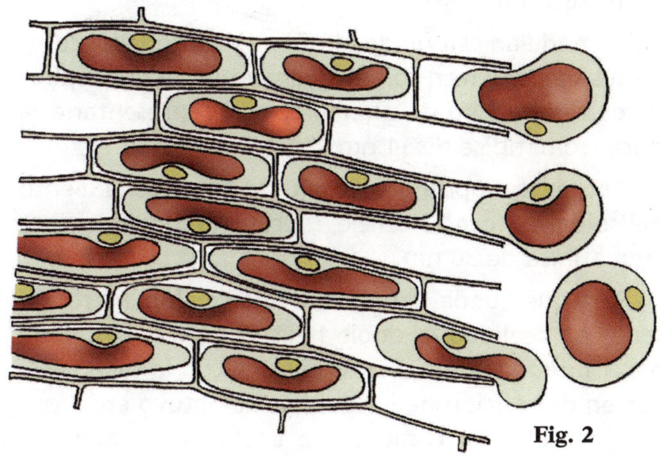

Fig. 2

En la figura 2 se observan células de epidermis de cebolla plasmolizadas en sacarosa al 20 % y coloreadas con rojo neutro. El trozo de epidermis se ha seccionado perpendicularmente al sentido de alargamiento de las células. Algunos protoplastos no dañados por el corte salen de su pared celular.

B. Aislamiento enzimático de protoplastos

La pared celular está formada por polisacáridos, de ahí que un medio sencillo de aislar el protoplasto sea digerir dicha pared mediante polisacaridasas (pectinasas y celulasas). El proceso de aislamiento de protoplastos se ha de realizar en un medio hipertónico.

Material

Hoja de puerro, medio enzimático formado por pectinasa, celulasa, sacarosa al 20 % preparado en tampón fosfato 0.01 M a pH 5.5.

Método

Pon en una placa de Petri la solución enzimática (hasta 2 mm de altura). Quita la epidermis de una hoja verde de puerro y deposítala enseguida en dicha placa con la solución enzimática. Colócala al baño María a 35°C durante una o dos horas. Coge con una pipeta un poco de la solución y ponla sobre

un portaobjetos preparado como se indica en la figura 3, pon encima un cubreobjetos y observa la preparación al microscopio.

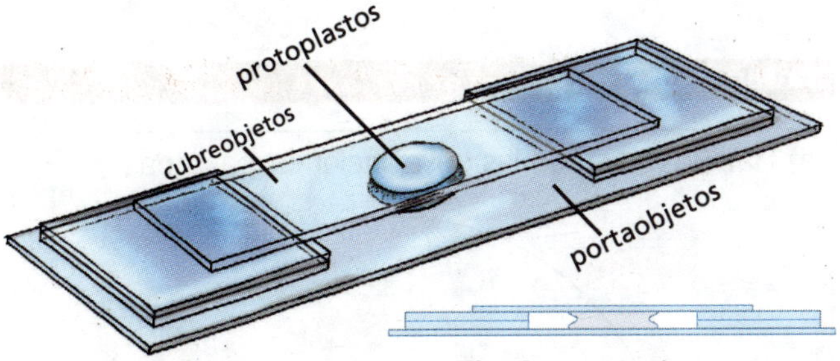

Fig. 3

Actividades

a) Haz un dibujo de las observaciones realizadas.

b) ¿Por qué es necesario aislar los protoplastos en un medio hipertónico?

c) Si los protoplastos no existen en la naturaleza, ¿qué interés tiene su obtención en el laboratorio?

Notas

Técnicas 8

OBSERVACIÓN DE MOVIMIENTOS CILIARES EN LAS BRANQUIAS DE UN MEJILLÓN

Objetivo

Observar el movimiento de los cilios y comprobar su función en las células del borde de las branquias de un mejillón.

Material

Mejillón, tinta China, microscopio, portaobjetos, cubreobjetos, pipeta, pinzas y tijeras finas.

Método

Corta un pequeño fragmento del borde de la branquia, deposítalo en un portaobjetos y coloca sobre él una gota de agua de la concha. Observa la preparación primero a pocos aumentos para localizar el borde de la branquia y luego a mayor aumento para ver el movimiento de los cilios.

Deposita otra muestra sobre una gota de tinta China diluida en un portaobjetos y observa el efecto de las corrientes sobre las partículas.

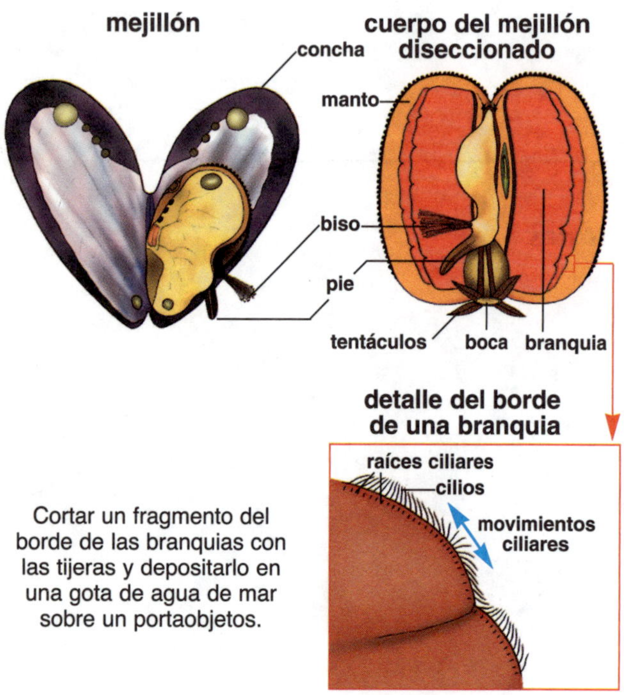

Cortar un fragmento del borde de las branquias con las tijeras y depositarlo en una gota de agua de mar sobre un portaobjetos.

Actividades

a) Haz un dibujo de las observaciones realizadas.

b) ¿Para qué se pone la muestra en tinta China?

c) Sugiere algún otro medio en el que se pueda poner la muestra para observar un efecto similar.

d) ¿Qué función tienen los cilios situados en el borde de las branquias? ¿Cómo se comprueba su función?

Investigaciones 8

FACTORES QUE INFLUYEN EN LA VELOCIDAD DEL MOVIMIENTO DE LOS CILIOS

Aplicando la técnica descrita anteriormente, te proponemos que diseñes y realices una investigación para analizar la influencia de algunos factores en el movimiento de los cilios.

Sugerencias para la investigación

En esta investigación puedes determinar la influencia de los siguientes factores (variables independientes):

- Temperatura.
- Agitación del agua.
- Presencia de partículas en el agua.
- Salinidad.
- Otros.

No debes modificar más de una variable independiente en cada experimento.

Actividades

a) ¿Qué factor de los estudiados tiene una mayor influencia sobre el movimiento de los cilios? Razónalo.

b) ¿En qué condiciones se produce una aceleración del movimiento de los cilios? ¿Y una ralentización?

c) Haz un informe sobre el trabajo realizado de acuerdo con el siguiente esquema:
- Problema a investigar.
- Hipótesis.
- Diseño experimental realizado que incluya materiales y métodos.
- Resultados obtenidos.
- Discusión y conclusiones.

Técnicas 9

OBSERVACIÓN DE VACUOLAS

En los organismos pluricelulares, las células se diferencian y se especializan para realizar una función determinada. Durante el proceso de diferenciación algunos genes son activados y otros reprimidos, lo que hace que las células desarrollen diferencias estructurales y fisiológicas que les permiten realizar distintas funciones.

Objetivo

Observar la diferenciación de uno de los orgánulos visibles con el microscopio óptico: la vacuola.

Material

Granos de trigo, rojo neutro (solución de 1 g/l en tampón fosfato a pH 7), placas Petri, portaobjetos y cubreobjetos, microscopio óptico.

Método

Para realizar esta práctica primero hay que poner a germinar las semillas y pasados unos días se realiza la observación de las vacuolas.

A) Germinación. Pon las semillas en agua durante unas horas (alrededor de 12). Retíralas del agua y colócalas a germinar en una placa Petri sobre papel de filtro impregnado con agua. Déjalas en la oscuridad durante 3 ó 4 días hasta que se desarrollen pequeñas raíces. Cuando las raíces hayan alcanzado la longitud de uno o dos centímetros ya se pueden utilizar.

B) Observación. Corta el extremo de una raíz joven (1 cm) y deposítala sobre un portaobjetos en una gota de rojo neutro.

Espera unos minutos y después coloca el cubreobjetos y golpea suavemente con la contera de un lápiz o bolígrafo para aplastar levemente la raicita.

Coloca sobre el cubre un papel de filtro y presiona con el pulgar suavemente hasta el aplastamiento (squash) de la muestra.

Observa la preparación al microscopio primero a bajo aumento para poder seleccionar una zona bien aplastada, pero en la que las células no estén dañadas. A continuación, observa a mayor aumento las vacuolas de las células desde la punta de la raíz hasta 1 cm.

Actividades

a) Representa las vacuolas de las células de la raíz tal como las observas al microscopio e indica su coloración.

b) ¿En qué zona de la raíz se observan las células con muchas pequeñas vacuolas? ¿Y en qué zona se observan células con una gran vacuola?

c) ¿Por qué varía tanto el tamaño de las vacuolas de unas células a otras?

d) ¿Qué tipo de sustancias se acumulan en las vacuolas? ¿Cuáles son más abundantes?

OBSERVACIÓN DE SUSTANCIAS CRISTALIZADAS EN LAS VACUOLAS

El contenido de las vacuolas varía según las especies, órganos o tejidos. Su contenido es, a veces, muy específico en células ya diferenciadas (aceite, taninos, mucílago, sustancias cristalizadas como el oxalato cálcico....)

Las sales cálcicas del ácido oxálico son insolubles y en algunas plantas se acumulan en las vacuolas donde cristalizan adoptando diferentes formas (pág. 155, fig. 5.2 del libro del alumno).

Objetivo

Observar cristales de oxalato cálcico en las vacuolas de las células vegetales.

Material

Hoja externa marrón de cebolla, pecíolo de hiedra, raíz de espárrago, glicerina, cuchilla de afeitar, portaobjetos y cubreobjetos, microscopio óptico.

Método

– Hoja externa de cebolla: Corta un pequeño rectángulo de la hoja marrón y coriácea de un bulbo de cebolla. Colócalo sobre un portaobjetos que contenga una gota de glicerina, pon el cubreobjetos y observa la preparación con el máximo aumento. Los cristales de oxalato se observan con formas poliédricas.

– Pecíolo de hiedra y raíz de espárrago: Realiza cortes transversales finos y obsérvalos sobre una gota de glicerina. Los cristales de oxalato de las células del pecíolo de hiedra son esféricos (forma de erizo) y los de las células de la raíz de espárrago tienen forma de agujas.

Actividades

a) ¿Por qué se acumula y precipita esta sal en las vacuolas?

b) Representa los cristales de oxalato cálcico tal como los observas al microscopio.

c) ¿Por qué cristaliza en formas tan variadas el oxalato cálcico?

Técnicas 10

OBSERVACIÓN DE CLOROPLASTOS Y LOCALIZACIÓN DE ALMIDÓN EN LOS MISMOS

Los primeros productos de la fotosíntesis son moléculas orgánicas sencillas, como la glucosa. Estas moléculas son rápidamente utilizadas para formar almidón que se almacena temporalmente en forma de gránulos en el estroma del cloroplasto. Posteriormente el almidón es degradado a sacarosa y este azúcar soluble es transportado fuera de la célula y por medio de los vasos conductores distribuido a todas las partes de la planta no fotosintéticas.

Objetivo

Observar los cloroplastos en las hojas de *Elodea* y localizar en ellos los gránulos de almidón.

Material

Hojas de *Elodea* (puede conseguirse fácilmente en tiendas de acuario), solución de bicarbonato sódico (0.1 a 1 %), solución diluida de lugol, portaobjetos y cubreobjetos, microscopio óptico.

Método

Pon *Elodea* en agua con bicarbonato sódico y déjala un día entero a la luz; coloca otros ejemplares de Elodea en agua destilada y déjalos en la oscuridad.

Toma un portaobjetos y deposita sobre él una gota de agua y una hojita de Elodea mantenida a la luz; encima coloca un cubreobjetos. Observa la preparación primero a bajos aumentos y luego a mayor aumento.

A continuación, con un cuentagotas añade en un extremo de la preparación unas gotas de la solución de lugol, mientras que en el extremo opuesto coloca un papel de filtro para que dicha solución atraviese la preparación. Repite el proceso con una hojita de Eloeda mantenida en la oscuridad.

Repite el proceso con una hojita de *Elodea* mantenida en la oscuridad.

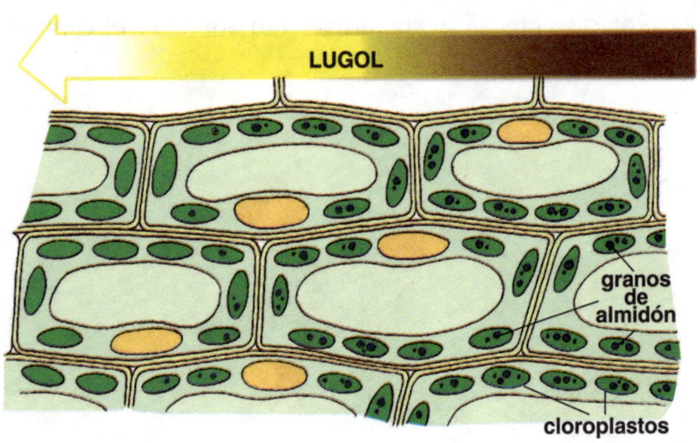

Observación de granos de almidón coloreados con lugol en cloroplastos de células de Elodea. Se indica el sentido de la difusión del lugol en la preparación.

Actividades

a) ¿Para qué se ponen las hojas de *Elodea* en una solución de bicarbonato sódico y a la luz, durante al menos un día antes de la observación?

b) Señala las diferencias entre los cloroplastos de Elodea que han permanecido a la luz y los que han estado en la oscuridad.

c) ¿Por qué se almacena almidón temporalmente en los cloroplastos? ¿Qué pasa luego con ese almidón?

d) Cita partes de la planta donde se almacene el almidón como reserva a largo plazo.

Investigaciones 10

¿QUÉ FACTORES INFLUYEN EN EL MOVIMIENTO DE LOS CLOROPLASTOS EN LAS CÉLULAS DE ELODEA?

Utilizando las hojas de Elodea de la práctica anterior, te proponemos que diseñes y realices una investigación para determinar la influencia de algunos factores sobre el movimiento de los cloroplastos en las células de esta planta.

Puedes estudiar la influencia de la temperatura, la luz, etc. No debes modificar más de uno de estos factores (variables independientes) en cada experimento.

Actividades

a) Anota las condiciones de realización de la experiencia y haz un dibujo de tus observaciones. Describe el movimiento de los cloroplastos así como su dirección.

b) ¿Cómo influyen los factores estudiados sobre el movimiento de los cloroplastos? Razónalo.

c) Haz un informe sobre el trabajo realizado de acuerdo con el siguiente esquema:

- Problema a investigar.
- Hipótesis.
- Diseño experimental realizado que incluya materiales y métodos.
- Resultados obtenidos.
- Discusión y conclusiones.

Técnicas 11

¿CUÁL ES EL CENTRO DE CONTROL DE LA CÉLULA?

Acetabularia es un alga eucariótica marina formada por una sola célula gigantesca, de casi 5 cm de longitud. Dicha célula presenta: un pedúnculo de sujeción semejante a una raíz donde se localiza el núcleo, un largo tallo cilíndrico y una umbela cuya forma varía de una especie a otra.

Debido a su gran tamaño la Acetabularia ha sido objeto de experimentos que serían imposibles con células más pequeñas. Además, algunas porciones de la célula pueden aislarse y regeneran el alga entera.

J. Hämmerling y J. Brachet llevaron a cabo una serie de experimentos utilizando dos especies: *A. mediterranea*, que tiene una umbela pequeña, y *A. crenulata* que presenta una umbela dividida en una serie de proyecciones digitiformes.

A. Sección y regeneración

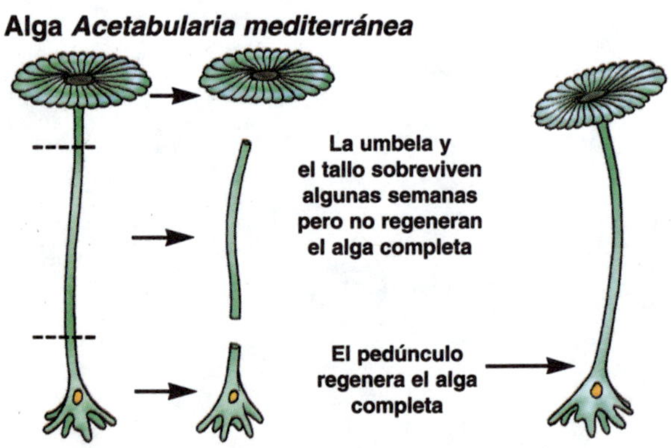

B. Trasplante de núcleo del pedúnculo al tallo

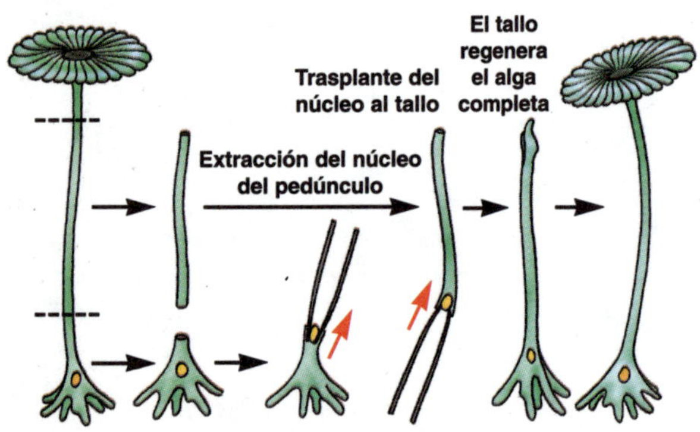

C. Intercambio de núcleos entre dos especies de Acetabularia

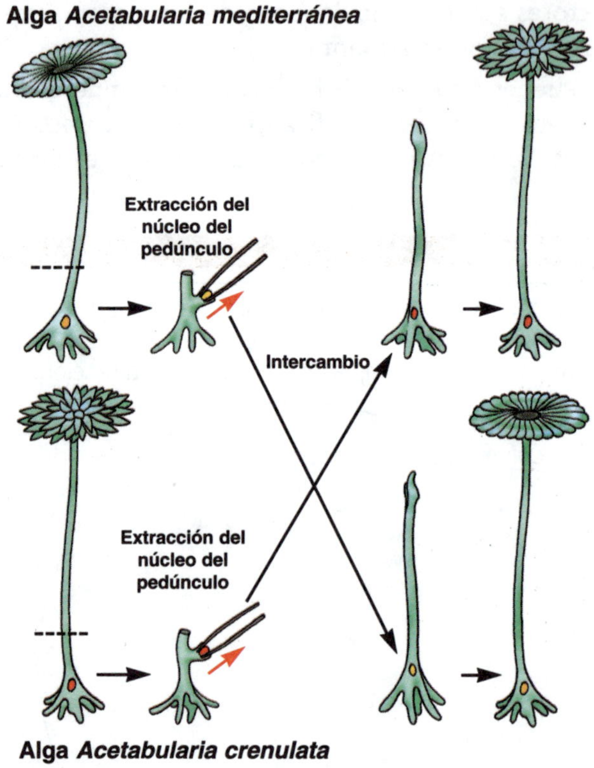

Si se injertan dos o más tipos de núcleos, la umbela regenerada tiene forma intermedia entre las de las especies que donaron los núcleos.

Actividades

a) ¿Qué se puede deducir de los dos primeros experimentos? ¿En qué seres vivos se produce el fenómeno de regeneración?

b) Analiza la experiencia realizada con las dos especies de Acetabularia. ¿Qué conclusiones se puede extraer de la misma?

c) ¿Te permiten tus conclusiones determinar qué parte de la célula se encarga del control de las actividades celulares? ¿Cómo ejerce dicho control?

d) Realiza otros diseños experimentales para confirmar tus conclusiones o sugiere algún cambio para mejorar los experimentos anteriores.

Notas

Técnicas 12

ACTIVIDAD ENZIMÁTICA DE LA PEPSINA

La pepsina es una enzima proteolítica del jugo gástrico que interviene en el proceso de la digestión.

Objetivo

Comprobar la influencia del pH y de la temperatura sobre la actividad de una enzima proteolítica.

Material

Trozos pequeños de carne o clara de huevo, solución de pepsina, solución de HCl al 10 %, tubos de ensayo, papel indicador universal, pinzas de madera y mechero.

Método

1. Prepara tres muestras de carne o de clara de huevo y colócalas en tubos de ensayo previamente numerados.

- En el tubo nº 1 añade solución de pepsina hasta cubrir la muestra.
- En el tubo nº 2 añade la solución de pepsina y a continuación la de HCl hasta la acidificación del medio.
- En el tubo nº 3 añadirás solamente solución de HCl.

2. Repite el experimento pero esta vez calentando los tubos de ensayo hasta ebullición.

Actividades

a) Examina los tubos al cabo de una hora y explica los cambios que se han producido.

b) ¿Qué podemos deducir de la actividad enzimática de la pepsina?

c) ¿Qué resultados se obtienen en el segundo experimento?

d) ¿Cómo afecta la ebullición a la actividad catalítica de la pepsina?

IDENTIFICACIÓN DE REDUCTASAS EN LA LECHE

Las enzimas reductasas de la leche se deben a la presencia de bacterias en la leche cruda sin hervir. Estas enzimas reducen el azul de metileno provocando un cambio de color.

Objetivo

Comprobar la contaminación de la leche mediante la identificación de reductasas de origen bacteriano.

Material

Leche cruda, leche esterilizada o pasteurizada, solución de pepsina, solución alcohólica concentrada de azul de metileno, agua destilada, tubos de ensayo, pipetas, papel de aluminio, rotulador marcador, estufa de cultivo.

Método

Para esta práctica se realizará una muestra control con leche esterilizada; además también se puede utilizar para la identificación leche esterilizada que se habrá mantenido previamente en un recipiente abierto para permitir el crecimiento de las bacterias.

- Disuelve 5 ml de la solución de azul de metileno en 195 ml de agua destilada.
- Marca los tubos de ensayo.
- Mezcla 1 ml de la solución de metileno con 20 ml de leche cruda (tubo nº 1).
- Mezcla 1 ml de la misma solución con 20 ml de leche esterilizada (tubo nº 2).
- Tapa los tubos de ensayo con las mezclas y colócalos en la estufa de cultivo a 37° C.
- Repite las mezclas y realiza un segundo cultivo a 39° C.

Actividades

a) Observa los tubos de ensayo al cabo de 5 horas, de 7 horas y de 9 horas de cultivo; toma nota de los cambios que se producen.

b) ¿Hay alguna diferencia entre los resultados obtenidos del primer y del segundo cultivo?

c) ¿Qué clase de reacciones catalizan las reductasas?

d) ¿Cómo afectan estas enzimas a la conservación de la leche?

e) ¿Tiene este test algún tipo de utilidad práctica? Razónalo.

Técnicas 13

ESTUDIO DEL ESPECTRO DE ABSORCIÓN DE LOS PIGMENTOS DE LAS HOJAS.

Objetivo

Construcción de un espectroscopio con el que analizar el espectro de absorción de los pigmentos fotosintéticos (o de otras sustancias coloreadas).

Material

Un proyector de diapositivas, una red de difracción –un filtro comercial de difracción para fotografía puede servir–, cartulina negra, sellador de silicona, dos cuadrados de vidrio de 6 x 6 cm o, en su defecto, dos portas, y extracto fresco de pigmentos de hojas.

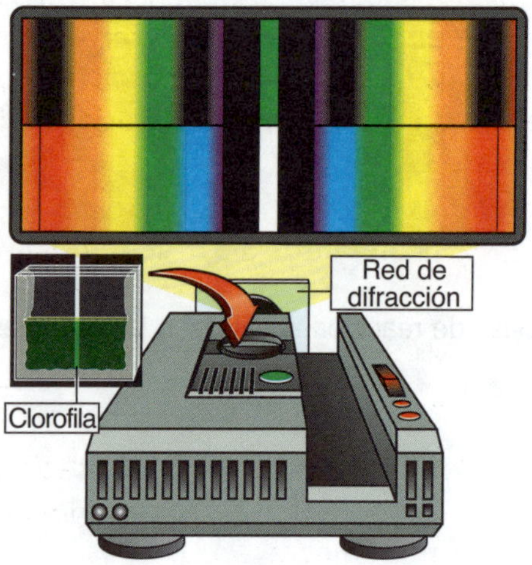

Método

1. Fabricación de la cubeta. Coloca un fideo grueso de silicona en tres de los bordes de un portaobjetos y cúbrelo con otro porta procurando no aplastar la silicona, pero evitando dejar poros. Una vez seca la silicona, pega dos rectángulos de cartulina negra sobre la cara externa de uno de los portas, delimitando una rendija de 0,5 a 1 mm de bordes muy rectos.

2. Puesta en funcionamiento. Llena la cubeta hasta la mitad con el extracto de hojas. Colócala en la celda del proyector destinada a diapositivas, no sin retirar antes el mecanismo de soporte de las mismas. La cartulina debe quedar del lado del objetivo del proyector. Coloca la red de difracción junto al objetivo del proyector y enciéndelo al tiempo que apagas la luz. Gira la red hasta obtener un espectro horizontal.

Actividades

a) ¿Por qué son verdes las plantas?

b) ¿Para qué sirve la rendija?

c) ¿Qué ventajas experimentales tiene llenar la cubeta únicamente hasta la mitad?

d) ¿Sobre qué elementos de este diseño actuarías para optimizarlo y cómo lo harías?

Técnicas 14

COMPROBACIÓN DE LAS LEYES DE MENDEL

Se pueden realizar experimentos para comprobar las leyes de Mendel utilizando como material de investigación la mosca del vinagre (también llamada de las bananas o de las frutas) *Drosophila melanogaster*.

Esta mosca es un buen material de estudio por su rápida y fácil crianza: las hembras ponen un centenar de huevos poco después de la fecundación. Los huevos eclosionan en 24 horas (si se crían en condiciones óptimas de alimentación y temperatura, como los 25 % habituales en los laboratorios) y dan lugar a orugas sin patas, muy activas en su alimentación, que se transforman en pupas inmóviles a los cuatro o cinco días, las cuales, en tres o cuatro días, eclosionan dando nuevos adultos.

Se suelen criar en frascos como los que aparecen en la figura 1, tapados con tapones de algodón envueltos en gasa. Los papeles doblados que aparecen en el fondo constituyen una superficie para reposo de los adultos y para que se depositen las pupas. El medio nutritivo o papilla del fondo del frasco, contiene, por ejemplo, los siguientes ingredientes:

Agua	1 l	Agar-agar	16 g
Plátano	300 g	Azúcar	20 g
Levadura de cerveza	15 g	*Tegosept*	8 mL
		Ac. propiónico	2 mL

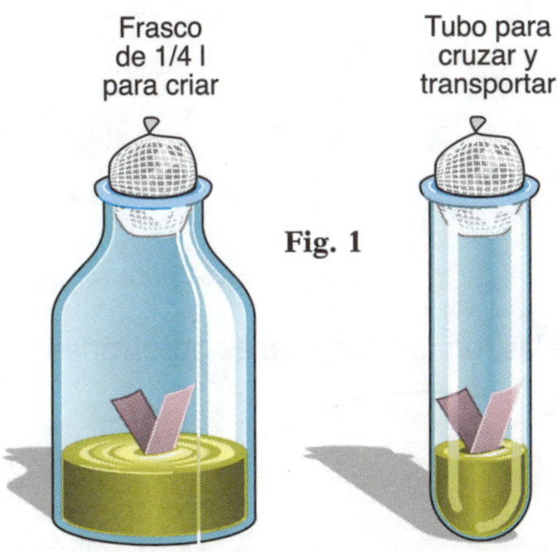

Fig. 1

Hay otras fórmulas de papillas que utilizan harina en vez de plátano. La función del agar es espesar la papilla, y la de los dos últimos productos es evitar la proliferación de hongos y bacterias.

El agar y el plátano troceado se mezclan por separado en agua caliente, y se cuecen; después se mezclan las dos papillas y se añaden los otros productos alimenticios, mientras que los antisépticos solamente se añaden antes de ser utilizada la papilla. Los frascos de crianza han de ser previamente esterilizados.

Las observaciones de las moscas se hacen con lupa binocular. Previamente han de ser dormidas con éter, para lo cual lo más cómodo es añadir unas gotas de éter al tapón del frasco. Para transportar las moscas dormidas, se pueden traspasar a frascos con tapón de corcho y un algodón impregnado de éter. Si durante la observación se ve que se despiertan, se pueden volver a dormir aplicándoles éter con un pincel.

En la figura 2 se presentan las principales diferencias entre los machos y las hembras. Para realizar los cruzamientos, hay que procurar que las hembras sean vírgenes, para estar seguro de qué tipo de macho la ha fecundado.

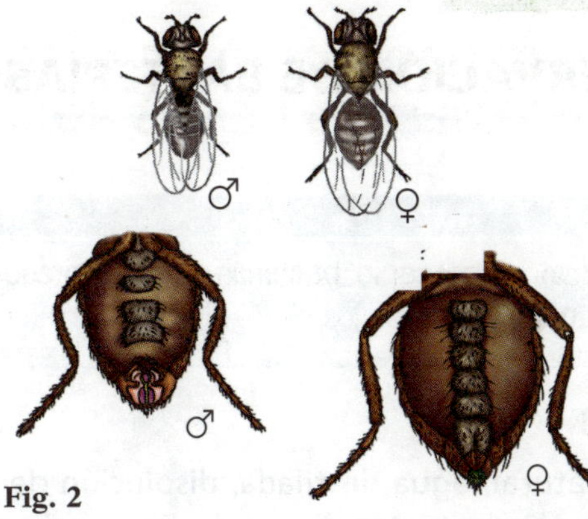

Fig. 2

Los cruzamientos se realizan con cinco machos y cinco hembras en un frasco. La observación de los caracteres de la descendencia se puede hacer con un máximo de quinientos individuos de entre los aparecidos en ese mismo frasco.

Los individuos salvajes pueden capturarse en la naturaleza; se puede acudir a basureros o zonas con frutas podridas. Los individuos portadores de mutaciones han de adquirirse en laboratorios dedicados a los estudios de Genética.

Para comprobar las tres leyes de Mendel, se pueden realizar cruzamientos entre los siguientes tipos de moscas:

a) salvajes x portadores de la mutación ebony (de cuerpo negro, representado por la letra e, por lo que el cuerpo normal será E)

b) salvajes x portadores de la mutación dumpy (alas con escotadura, representado por la letra d, por lo que las alas normales serán D)

c) mutantes ebony x mutantes dumpy.

Naturalmente, habrá que obtener dos generaciones; la segunda se obtendrá por cruzamiento de los individuos obtenidos en la primera generación.

Se habrá de ser cuidadoso en el etiquetado de los frascos, y en la anotación del número de individuos portadores de cada carácter, para obtener proporciones correctas.

Consulta en los libros sobre experimentos con Drosophila las dudas que tengas sobre los procedimientos de manipulación de las moscas.

Como ejercicio, obtén los resultados teóricos de la F_1 y de la F_2 de los tres cruzamientos pro-puestos:

a) EE x ee,

b) DD x dd

c) DDee x ddEE

Técnicas 17

I. OBSERVACIÓN DE BACTERIAS

Objetivo

Observar al microscopio bacterias lácticas presentes en el yogurt natural.

Material

Yogurt natural, agua destilada, disolución de azul de metileno, portaobjetos, papel de filtro, microscopio óptico, aceite de inmersión y mechero.

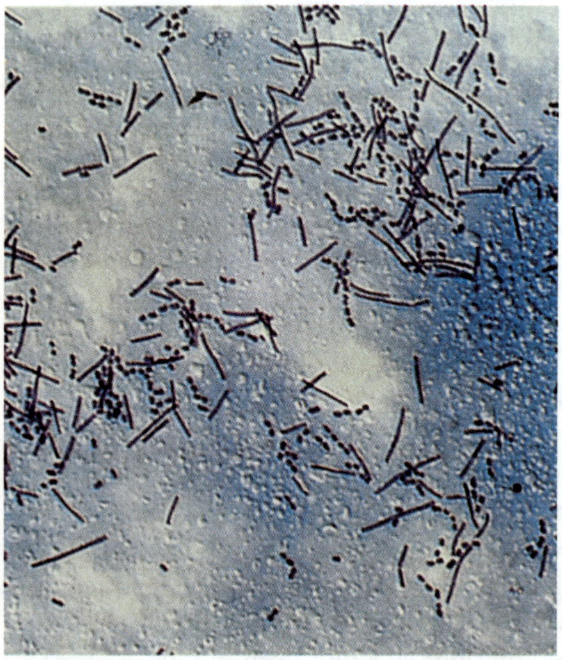

Fig. 1

Métodos

- Diluye una pequeña cantidad de yogurt en una gota de agua destilada.
- Haz una extensión o frotis sobre un portaobjetos limpio y deja secar al aire.
- Pasa rápidamente el portaobjetos varias veces por encima de una llama de mechero. La llama debe tocar la cara del porta que **no** lleva la preparación.
- Cubre el frotis con una solución de azul de metileno durante 5 minutos.
- Lava suavemente con agua y deja escurrir.
- Seca con suavidad el porta mediante un trozo de papel de filtro.
- Observa al microscopio mediante el objetivo de inmersión.

Actividades

a) ¿Qué función cumple el paso de la preparación sobre la llama del mechero?

b) ¿Por qué hay que pasar el frotis por la llama del mechero?

c) Haz un dibujo de las formas bacterianas observadas.

d) Compara tus observaciones con la figura 1.

II. TINCIÓN GRAM DE BACTERIAS

Objetivos

Observar al microscopio bacterias según el método de tinción gram. Las bacterias Gram + quedan teñidas de azul por la acción del cristal violeta, y las Gram – quedan de color rojo por la acción de la safranina.

Material

Cultivos de bacterias Gram + y Gram –, agua destilada, cristal violeta, lugol, etanol, safranina, portaobjetos, cubreobjetos, tubos de ensayo, papel de filtro, microscopio óptico, aceite de inmersión, mechero y cronómetro.

Método

- Diluye muestras de los cultivos bacterianos en agua destilada y mézclalos.
- Extiende gotas de las muestras disueltas en portaobjetos bien limpios.
- Deja secar al aire las preparaciones y calienta suavemente a la llama.
- Deposita una gota de disolución de cristal violeta en las preparaciones y deja reposar durante un minuto.
- Lava las muestras con agua destilada. Debes lavarlas sin dañar la preparación pero asegurándote de eliminar el colorante no retenido por las bacterias.
- Pon una gota de lugol en cada preparación y espera un minuto.
- Lava las muestras con etanol. Idem que en paso 5.
- Lava abundantemente con agua destilada. Idem que en paso 5.
- Pon una gota de safranina en cada portaobjetos y espera un minuto y medio.
- Lava las preparaciones con agua del grifo. Idem que en paso 5.
- Seca las preparaciones con papel de filtro, suavemente y sin frotar.
- Pon los cubreobjetos y realiza las observaciones.

Actividades

a) ¿A qué se debe la diferente coloración que presentan las bacterias?

b) Dibuja y colorea la observación realizada marcando las bacterias Gram + y Gram –.

c) Redacta un informe del protocolo que se ha seguido y las posibles dificultades surgidas durante la realización del trabajo experimental.